Day Planner

Schedule

08:00
08:30
09:00
09:30
10:00
10:30
11:00
11:30
12:00
12:30
13:00
13:30
14:00
14:30
15:00
15:30
16:00
16:30
17:00
17:30
18:00
18:30
19:00
19:30
20:00
20:30
21:00

Priorities

AF800860

Notes

Day Planner

Schedule

08:00
08:30
09:00
09:30
10:00
10:30
11:00
11:30
12:00
12:30
13:00
13:30
14:00
14:30
15:00
15:30
16:00
16:30
17:00
17:30
18:00
18:30
19:00
19:30
20:00
20:30
21:00

Priorities

Notes

Day Planner

Schedule

08:00

08:30

09:00

09:30

10:00

10:30

11:00

11:30

12:00

12:30

13:00

13:30

14:00

14:30

15:00

15:30

16:00

16:30

17:00

17:30

18:00

18:30

19:00

19:30

20:00

20:30

21:00

Priorities

Notes

Day Planner

Schedule

08:00
08:30
09:00
09:30
10:00
10:30
11:00
11:30
12:00
12:30
13:00
13:30
14:00
14:30
15:00
15:30
16:00
16:30
17:00
17:30
18:00
18:30
19:00
19:30
20:00
20:30
21:00

Priorities

Notes

Day Planner

Schedule

08:00

08:30

09:00

09:30

10:00

10:30

11:00

11:30

12:00

12:30

13:00

13:30

14:00

14:30

15:00

15:30

16:00

16:30

17:00

17:30

18:00

18:30

19:00

19:30

20:00

20:30

21:00

Priorities

Notes

Day Planner

Schedule

08:00
08:30
09:00
09:30
10:00
10:30
11:00
11:30
12:00
12:30
13:00
13:30
14:00
14:30
15:00
15:30
16:00
16:30
17:00
17:30
18:00
18:30
19:00
19:30
20:00
20:30
21:00

Priorities

Notes

Day Planner

Schedule		Priorities
08:00		
08:30		
09:00		
09:30		
10:00		
10:30		
11:00		
11:30		
12:00		
12:30		
13:00		
13:30		
14:00		
14:30		
15:00		
15:30		
16:00		
16:30		
17:00		
17:30		
18:00		
18:30		
19:00		
19:30		
20:00		
20:30		
21:00		

Notes

Day Planner

Schedule

08:00
08:30
09:00
09:30
10:00
10:30
11:00
11:30
12:00
12:30
13:00
13:30
14:00
14:30
15:00
15:30
16:00
16:30
17:00
17:30
18:00
18:30
19:00
19:30
20:00
20:30
21:00

Priorities

Notes

Day Planner

Schedule

08:00

08:30

09:00

09:30

10:00

10:30

11:00

11:30

12:00

12:30

13:00

13:30

14:00

14:30

15:00

15:30

16:00

16:30

17:00

17:30

18:00

18:30

19:00

19:30

20:00

20:30

21:00

Priorities

Notes

Day Planner

Schedule

08:00
08:30
09:00
09:30
10:00
10:30
11:00
11:30
12:00
12:30
13:00
13:30
14:00
14:30
15:00
15:30
16:00
16:30
17:00
17:30
18:00
18:30
19:00
19:30
20:00
20:30
21:00

Priorities

Notes

Day Planner

Schedule

08:00

08:30

09:00

09:30

10:00

10:30

11:00

11:30

12:00

12:30

13:00

13:30

14:00

14:30

15:00

15:30

16:00

16:30

17:00

17:30

18:00

18:30

19:00

19:30

20:00

20:30

21:00

Priorities

Notes

Day Planner

Schedule

08:00
08:30
09:00
09:30
10:00
10:30
11:00
11:30
12:00
12:30
13:00
13:30
14:00
14:30
15:00
15:30
16:00
16:30
17:00
17:30
18:00
18:30
19:00
19:30
20:00
20:30
21:00

Priorities

Notes

Day Planner

Schedule

08:00

08:30

09:00

09:30

10:00

10:30

11:00

11:30

12:00

12:30

13:00

13:30

14:00

14:30

15:00

15:30

16:00

16:30

17:00

17:30

18:00

18:30

19:00

19:30

20:00

20:30

21:00

Priorities

Notes

Day Planner

Schedule

08:00
08:30
09:00
09:30
10:00
10:30
11:00
11:30
12:00
12:30
13:00
13:30
14:00
14:30
15:00
15:30
16:00
16:30
17:00
17:30
18:00
18:30
19:00
19:30
20:00
20:30
21:00

Priorities

Notes

Day Planner

Schedule

08:00

08:30

09:00

09:30

10:00

10:30

11:00

11:30

12:00

12:30

13:00

13:30

14:00

14:30

15:00

15:30

16:00

16:30

17:00

17:30

18:00

18:30

19:00

19:30

20:00

20:30

21:00

Priorities

Notes

Day Planner

Schedule

08:00
08:30
09:00
09:30
10:00
10:30
11:00
11:30
12:00
12:30
13:00
13:30
14:00
14:30
15:00
15:30
16:00
16:30
17:00
17:30
18:00
18:30
19:00
19:30
20:00
20:30
21:00

Priorities

Notes

Day Planner

Schedule

08:00
08:30
09:00
09:30
10:00
10:30
11:00
11:30
12:00
12:30
13:00
13:30
14:00
14:30
15:00
15:30
16:00
16:30
17:00
17:30
18:00
18:30
19:00
19:30
20:00
20:30
21:00

Priorities

Notes

Day Planner

Schedule	
08:00	
08:30	
09:00	
09:30	
10:00	
10:30	
11:00	
11:30	
12:00	
12:30	
13:00	
13:30	
14:00	
14:30	
15:00	
15:30	
16:00	
16:30	
17:00	
17:30	
18:00	
18:30	
19:00	
19:30	
20:00	
20:30	
21:00	

Priorities

Notes

Day Planner

Schedule

08:00
08:30
09:00
09:30
10:00
10:30
11:00
11:30
12:00
12:30
13:00
13:30
14:00
14:30
15:00
15:30
16:00
16:30
17:00
17:30
18:00
18:30
19:00
19:30
20:00
20:30
21:00

Priorities

Notes

Day Planner

Schedule	
08:00	
08:30	
09:00	
09:30	
10:00	
10:30	
11:00	
11:30	
12:00	
12:30	
13:00	
13:30	
14:00	
14:30	
15:00	
15:30	
16:00	
16:30	
17:00	
17:30	
18:00	
18:30	
19:00	
19:30	
20:00	
20:30	
21:00	

Priorities

Notes

Day Planner

Schedule	
08:00	
08:30	
09:00	
09:30	
10:00	
10:30	
11:00	
11:30	
12:00	
12:30	
13:00	
13:30	
14:00	
14:30	
15:00	
15:30	
16:00	
16:30	
17:00	
17:30	
18:00	
18:30	
19:00	
19:30	
20:00	
20:30	
21:00	

Priorities

Notes

Day Planner

Schedule	
08:00	
08:30	
09:00	
09:30	
10:00	
10:30	
11:00	
11:30	
12:00	
12:30	
13:00	
13:30	
14:00	
14:30	
15:00	
15:30	
16:00	
16:30	
17:00	
17:30	
18:00	
18:30	
19:00	
19:30	
20:00	
20:30	
21:00	

Priorities

Notes

Day Planner

Schedule

08:00
08:30
09:00
09:30
10:00
10:30
11:00
11:30
12:00
12:30
13:00
13:30
14:00
14:30
15:00
15:30
16:00
16:30
17:00
17:30
18:00
18:30
19:00
19:30
20:00
20:30
21:00

Priorities

Notes

Day Planner

Schedule

08:00

08:30

09:00

09:30

10:00

10:30

11:00

11:30

12:00

12:30

13:00

13:30

14:00

14:30

15:00

15:30

16:00

16:30

17:00

17:30

18:00

18:30

19:00

19:30

20:00

20:30

21:00

Priorities

Notes

Day Planner

Schedule	Priorities
08:00	●
08:30	●
09:00	●
09:30	●
10:00	●
10:30	●
11:00	●
11:30	●
12:00	●
12:30	●
13:00	●
13:30	●
14:00	●
14:30	
15:00	
15:30	
16:00	
16:30	
17:00	
17:30	
18:00	
18:30	
19:00	
19:30	
20:00	
20:30	
21:00	

Notes

Day Planner

Schedule

08:00
08:30
09:00
09:30
10:00
10:30
11:00
11:30
12:00
12:30
13:00
13:30
14:00
14:30
15:00
15:30
16:00
16:30
17:00
17:30
18:00
18:30
19:00
19:30
20:00
20:30
21:00

Priorities

Notes

Day Planner

Schedule

08:00
08:30
09:00
09:30
10:00
10:30
11:00
11:30
12:00
12:30
13:00
13:30
14:00
14:30
15:00
15:30
16:00
16:30
17:00
17:30
18:00
18:30
19:00
19:30
20:00
20:30
21:00

Priorities

Notes

Day Planner

Schedule

08:00

08:30

09:00

09:30

10:00

10:30

11:00

11:30

12:00

12:30

13:00

13:30

14:00

14:30

15:00

15:30

16:00

16:30

17:00

17:30

18:00

18:30

19:00

19:30

20:00

20:30

21:00

Priorities

Notes

Day Planner

Schedule

08:00
08:30
09:00
09:30
10:00
10:30
11:00
11:30
12:00
12:30
13:00
13:30
14:00
14:30
15:00
15:30
16:00
16:30
17:00
17:30
18:00
18:30
19:00
19:30
20:00
20:30
21:00

Priorities

Notes

Day Planner

Schedule

08:00

08:30

09:00

09:30

10:00

10:30

11:00

11:30

12:00

12:30

13:00

13:30

14:00

14:30

15:00

15:30

16:00

16:30

17:00

17:30

18:00

18:30

19:00

19:30

20:00

20:30

21:00

Priorities

Notes

Day Planner

Schedule

08:00
08:30
09:00
09:30
10:00
10:30
11:00
11:30
12:00
12:30
13:00
13:30
14:00
14:30
15:00
15:30
16:00
16:30
17:00
17:30
18:00
18:30
19:00
19:30
20:00
20:30
21:00

Priorities

Notes

Day Planner

Schedule

08:00
08:30
09:00
09:30
10:00
10:30
11:00
11:30
12:00
12:30
13:00
13:30
14:00
14:30
15:00
15:30
16:00
16:30
17:00
17:30
18:00
18:30
19:00
19:30
20:00
20:30
21:00

Priorities

Notes

Day Planner

Schedule

08:00
08:30
09:00
09:30
10:00
10:30
11:00
11:30
12:00
12:30
13:00
13:30
14:00
14:30
15:00
15:30
16:00
16:30
17:00
17:30
18:00
18:30
19:00
19:30
20:00
20:30
21:00

Priorities

Notes

Day Planner

Schedule

08:00
08:30
09:00
09:30
10:00
10:30
11:00
11:30
12:00
12:30
13:00
13:30
14:00
14:30
15:00
15:30
16:00
16:30
17:00
17:30
18:00
18:30
19:00
19:30
20:00
20:30
21:00

Priorities

Notes

Day Planner

Schedule

08:00

08:30

09:00

09:30

10:00

10:30

11:00

11:30

12:00

12:30

13:00

13:30

14:00

14:30

15:00

15:30

16:00

16:30

17:00

17:30

18:00

18:30

19:00

19:30

20:00

20:30

21:00

Priorities

Notes

Day Planner

Schedule

08:00

08:30

09:00

09:30

10:00

10:30

11:00

11:30

12:00

12:30

13:00

13:30

14:00

14:30

15:00

15:30

16:00

16:30

17:00

17:30

18:00

18:30

19:00

19:30

20:00

20:30

21:00

Priorities

Notes

Day Planner

Schedule

08:00
08:30
09:00
09:30
10:00
10:30
11:00
11:30
12:00
12:30
13:00
13:30
14:00
14:30
15:00
15:30
16:00
16:30
17:00
17:30
18:00
18:30
19:00
19:30
20:00
20:30
21:00

Priorities

Notes

Day Planner

Schedule

08:00
08:30
09:00
09:30
10:00
10:30
11:00
11:30
12:00
12:30
13:00
13:30
14:00
14:30
15:00
15:30
16:00
16:30
17:00
17:30
18:00
18:30
19:00
19:30
20:00
20:30
21:00

Priorities

Notes

Day Planner

Schedule

08:00

08:30

09:00

09:30

10:00

10:30

11:00

11:30

12:00

12:30

13:00

13:30

14:00

14:30

15:00

15:30

16:00

16:30

17:00

17:30

18:00

18:30

19:00

19:30

20:00

20:30

21:00

Priorities

Notes

Day Planner

Schedule

08:00

08:30

09:00

09:30

10:00

10:30

11:00

11:30

12:00

12:30

13:00

13:30

14:00

14:30

15:00

15:30

16:00

16:30

17:00

17:30

18:00

18:30

19:00

19:30

20:00

20:30

21:00

Priorities

Notes

Day Planner

Schedule	
08:00	
08:30	
09:00	
09:30	
10:00	
10:30	
11:00	
11:30	
12:00	
12:30	
13:00	
13:30	
14:00	
14:30	
15:00	
15:30	
16:00	
16:30	
17:00	
17:30	
18:00	
18:30	
19:00	
19:30	
20:00	
20:30	
21:00	

Priorities

Notes

Day Planner

Schedule

08:00

08:30

09:00

09:30

10:00

10:30

11:00

11:30

12:00

12:30

13:00

13:30

14:00

14:30

15:00

15:30

16:00

16:30

17:00

17:30

18:00

18:30

19:00

19:30

20:00

20:30

21:00

Priorities

Notes

Day Planner

Schedule

08:00

08:30

09:00

09:30

10:00

10:30

11:00

11:30

12:00

12:30

13:00

13:30

14:00

14:30

15:00

15:30

16:00

16:30

17:00

17:30

18:00

18:30

19:00

19:30

20:00

20:30

21:00

Priorities

Notes

Day Planner

Schedule

08:00
08:30
09:00
09:30
10:00
10:30
11:00
11:30
12:00
12:30
13:00
13:30
14:00
14:30
15:00
15:30
16:00
16:30
17:00
17:30
18:00
18:30
19:00
19:30
20:00
20:30
21:00

Priorities

Notes

Day Planner

Schedule

08:00

08:30

09:00

09:30

10:00

10:30

11:00

11:30

12:00

12:30

13:00

13:30

14:00

14:30

15:00

15:30

16:00

16:30

17:00

17:30

18:00

18:30

19:00

19:30

20:00

20:30

21:00

Priorities

Notes

Day Planner

Schedule

08:00
08:30
09:00
09:30
10:00
10:30
11:00
11:30
12:00
12:30
13:00
13:30
14:00
14:30
15:00
15:30
16:00
16:30
17:00
17:30
18:00
18:30
19:00
19:30
20:00
20:30
21:00

Priorities

Notes

Day Planner

Schedule

08:00
08:30
09:00
09:30
10:00
10:30
11:00
11:30
12:00
12:30
13:00
13:30
14:00
14:30
15:00
15:30
16:00
16:30
17:00
17:30
18:00
18:30
19:00
19:30
20:00
20:30
21:00

Priorities

Notes

Day Planner

Schedule	
08:00	
08:30	
09:00	
09:30	
10:00	
10:30	
11:00	
11:30	
12:00	
12:30	
13:00	
13:30	
14:00	
14:30	
15:00	
15:30	
16:00	
16:30	
17:00	
17:30	
18:00	
18:30	
19:00	
19:30	
20:00	
20:30	
21:00	

Priorities

Notes

Day Planner

Schedule

08:00

08:30

09:00

09:30

10:00

10:30

11:00

11:30

12:00

12:30

13:00

13:30

14:00

14:30

15:00

15:30

16:00

16:30

17:00

17:30

18:00

18:30

19:00

19:30

20:00

20:30

21:00

Priorities

Notes

Day Planner

Schedule

08:00

08:30

09:00

09:30

10:00

10:30

11:00

11:30

12:00

12:30

13:00

13:30

14:00

14:30

15:00

15:30

16:00

16:30

17:00

17:30

18:00

18:30

19:00

19:30

20:00

20:30

21:00

Priorities

Notes

Day Planner

Schedule

08:00

08:30

09:00

09:30

10:00

10:30

11:00

11:30

12:00

12:30

13:00

13:30

14:00

14:30

15:00

15:30

16:00

16:30

17:00

17:30

18:00

18:30

19:00

19:30

20:00

20:30

21:00

Priorities

Notes

Day Planner

Schedule

08:00

08:30

09:00

09:30

10:00

10:30

11:00

11:30

12:00

12:30

13:00

13:30

14:00

14:30

15:00

15:30

16:00

16:30

17:00

17:30

18:00

18:30

19:00

19:30

20:00

20:30

21:00

Priorities

Notes

Day Planner

Schedule

08:00

08:30

09:00

09:30

10:00

10:30

11:00

11:30

12:00

12:30

13:00

13:30

14:00

14:30

15:00

15:30

16:00

16:30

17:00

17:30

18:00

18:30

19:00

19:30

20:00

20:30

21:00

Priorities

Notes

Day Planner

Schedule

08:00
08:30
09:00
09:30
10:00
10:30
11:00
11:30
12:00
12:30
13:00
13:30
14:00
14:30
15:00
15:30
16:00
16:30
17:00
17:30
18:00
18:30
19:00
19:30
20:00
20:30
21:00

Priorities

Notes

Day Planner

Schedule

08:00

08:30

09:00

09:30

10:00

10:30

11:00

11:30

12:00

12:30

13:00

13:30

14:00

14:30

15:00

15:30

16:00

16:30

17:00

17:30

18:00

18:30

19:00

19:30

20:00

20:30

21:00

Priorities

Notes

Day Planner

Schedule

08:00

08:30

09:00

09:30

10:00

10:30

11:00

11:30

12:00

12:30

13:00

13:30

14:00

14:30

15:00

15:30

16:00

16:30

17:00

17:30

18:00

18:30

19:00

19:30

20:00

20:30

21:00

Priorities

Notes

Day Planner

Schedule

08:00

08:30

09:00

09:30

10:00

10:30

11:00

11:30

12:00

12:30

13:00

13:30

14:00

14:30

15:00

15:30

16:00

16:30

17:00

17:30

18:00

18:30

19:00

19:30

20:00

20:30

21:00

Priorities

Notes

Day Planner

Schedule

08:00
08:30
09:00
09:30
10:00
10:30
11:00
11:30
12:00
12:30
13:00
13:30
14:00
14:30
15:00
15:30
16:00
16:30
17:00
17:30
18:00
18:30
19:00
19:30
20:00
20:30
21:00

Priorities

Notes

Day Planner

Schedule

08:00
08:30
09:00
09:30
10:00
10:30
11:00
11:30
12:00
12:30
13:00
13:30
14:00
14:30
15:00
15:30
16:00
16:30
17:00
17:30
18:00
18:30
19:00
19:30
20:00
20:30
21:00

Priorities

Notes

Day Planner

Schedule

08:00
08:30
09:00
09:30
10:00
10:30
11:00
11:30
12:00
12:30
13:00
13:30
14:00
14:30
15:00
15:30
16:00
16:30
17:00
17:30
18:00
18:30
19:00
19:30
20:00
20:30
21:00

Priorities

Notes

Day Planner

Schedule

08:00

08:30

09:00

09:30

10:00

10:30

11:00

11:30

12:00

12:30

13:00

13:30

14:00

14:30

15:00

15:30

16:00

16:30

17:00

17:30

18:00

18:30

19:00

19:30

20:00

20:30

21:00

Priorities

Notes

Day Planner

Schedule

08:00

08:30

09:00

09:30

10:00

10:30

11:00

11:30

12:00

12:30

13:00

13:30

14:00

14:30

15:00

15:30

16:00

16:30

17:00

17:30

18:00

18:30

19:00

19:30

20:00

20:30

21:00

Priorities

Notes

Day Planner

Schedule

08:00

08:30

09:00

09:30

10:00

10:30

11:00

11:30

12:00

12:30

13:00

13:30

14:00

14:30

15:00

15:30

16:00

16:30

17:00

17:30

18:00

18:30

19:00

19:30

20:00

20:30

21:00

Priorities

Notes

Day Planner

Schedule

08:00
08:30
09:00
09:30
10:00
10:30
11:00
11:30
12:00
12:30
13:00
13:30
14:00
14:30
15:00
15:30
16:00
16:30
17:00
17:30
18:00
18:30
19:00
19:30
20:00
20:30
21:00

Priorities

Notes

Day Planner

Schedule	
08:00	
08:30	
09:00	
09:30	
10:00	
10:30	
11:00	
11:30	
12:00	
12:30	
13:00	
13:30	
14:00	
14:30	
15:00	
15:30	
16:00	
16:30	
17:00	
17:30	
18:00	
18:30	
19:00	
19:30	
20:00	
20:30	
21:00	

Priorities

Notes

Day Planner

Schedule

08:00
08:30
09:00
09:30
10:00
10:30
11:00
11:30
12:00
12:30
13:00
13:30
14:00
14:30
15:00
15:30
16:00
16:30
17:00
17:30
18:00
18:30
19:00
19:30
20:00
20:30
21:00

Priorities

Notes

Day Planner

Schedule

08:00
08:30
09:00
09:30
10:00
10:30
11:00
11:30
12:00
12:30
13:00
13:30
14:00
14:30
15:00
15:30
16:00
16:30
17:00
17:30
18:00
18:30
19:00
19:30
20:00
20:30
21:00

Priorities

Notes

Day Planner

Schedule

08:00
08:30
09:00
09:30
10:00
10:30
11:00
11:30
12:00
12:30
13:00
13:30
14:00
14:30
15:00
15:30
16:00
16:30
17:00
17:30
18:00
18:30
19:00
19:30
20:00
20:30
21:00

Priorities

Notes

Day Planner

Schedule

08:00

08:30

09:00

09:30

10:00

10:30

11:00

11:30

12:00

12:30

13:00

13:30

14:00

14:30

15:00

15:30

16:00

16:30

17:00

17:30

18:00

18:30

19:00

19:30

20:00

20:30

21:00

Priorities

Notes

Day Planner

Schedule	
08:00	
08:30	
09:00	
09:30	
10:00	
10:30	
11:00	
11:30	
12:00	
12:30	
13:00	
13:30	
14:00	
14:30	
15:00	
15:30	
16:00	
16:30	
17:00	
17:30	
18:00	
18:30	
19:00	
19:30	
20:00	
20:30	
21:00	

Priorities

Notes

Day Planner

Schedule

08:00

08:30

09:00

09:30

10:00

10:30

11:00

11:30

12:00

12:30

13:00

13:30

14:00

14:30

15:00

15:30

16:00

16:30

17:00

17:30

18:00

18:30

19:00

19:30

20:00

20:30

21:00

Priorities

Notes

Day Planner

Schedule

08:00

08:30

09:00

09:30

10:00

10:30

11:00

11:30

12:00

12:30

13:00

13:30

14:00

14:30

15:00

15:30

16:00

16:30

17:00

17:30

18:00

18:30

19:00

19:30

20:00

20:30

21:00

Priorities

Notes

Day Planner

Schedule

08:00

08:30

09:00

09:30

10:00

10:30

11:00

11:30

12:00

12:30

13:00

13:30

14:00

14:30

15:00

15:30

16:00

16:30

17:00

17:30

18:00

18:30

19:00

19:30

20:00

20:30

21:00

Priorities

Notes

Day Planner

Schedule

08:00
08:30
09:00
09:30
10:00
10:30
11:00
11:30
12:00
12:30
13:00
13:30
14:00
14:30
15:00
15:30
16:00
16:30
17:00
17:30
18:00
18:30
19:00
19:30
20:00
20:30
21:00

Priorities

Notes

Day Planner

Schedule

08:00
08:30
09:00
09:30
10:00
10:30
11:00
11:30
12:00
12:30
13:00
13:30
14:00
14:30
15:00
15:30
16:00
16:30
17:00
17:30
18:00
18:30
19:00
19:30
20:00
20:30
21:00

Priorities

Notes

Day Planner

Schedule

08:00

08:30

09:00

09:30

10:00

10:30

11:00

11:30

12:00

12:30

13:00

13:30

14:00

14:30

15:00

15:30

16:00

16:30

17:00

17:30

18:00

18:30

19:00

19:30

20:00

20:30

21:00

Priorities

Notes

Day Planner

Schedule

08:00
08:30
09:00
09:30
10:00
10:30
11:00
11:30
12:00
12:30
13:00
13:30
14:00
14:30
15:00
15:30
16:00
16:30
17:00
17:30
18:00
18:30
19:00
19:30
20:00
20:30
21:00

Priorities

Notes

Day Planner

Schedule

08:00
08:30
09:00
09:30
10:00
10:30
11:00
11:30
12:00
12:30
13:00
13:30
14:00
14:30
15:00
15:30
16:00
16:30
17:00
17:30
18:00
18:30
19:00
19:30
20:00
20:30
21:00

Priorities

Notes

Day Planner

Schedule

08:00

08:30

09:00

09:30

10:00

10:30

11:00

11:30

12:00

12:30

13:00

13:30

14:00

14:30

15:00

15:30

16:00

16:30

17:00

17:30

18:00

18:30

19:00

19:30

20:00

20:30

21:00

Priorities

Notes

Day Planner

Schedule

08:00

08:30

09:00

09:30

10:00

10:30

11:00

11:30

12:00

12:30

13:00

13:30

14:00

14:30

15:00

15:30

16:00

16:30

17:00

17:30

18:00

18:30

19:00

19:30

20:00

20:30

21:00

Priorities

Notes

Day Planner

Schedule

08:00

08:30

09:00

09:30

10:00

10:30

11:00

11:30

12:00

12:30

13:00

13:30

14:00

14:30

15:00

15:30

16:00

16:30

17:00

17:30

18:00

18:30

19:00

19:30

20:00

20:30

21:00

Priorities

Notes

Day Planner

Schedule

08:00
08:30
09:00
09:30
10:00
10:30
11:00
11:30
12:00
12:30
13:00
13:30
14:00
14:30
15:00
15:30
16:00
16:30
17:00
17:30
18:00
18:30
19:00
19:30
20:00
20:30
21:00

Priorities

Notes

Day Planner

Schedule

08:00
08:30
09:00
09:30
10:00
10:30
11:00
11:30
12:00
12:30
13:00
13:30
14:00
14:30
15:00
15:30
16:00
16:30
17:00
17:30
18:00
18:30
19:00
19:30
20:00
20:30
21:00

Priorities

Notes

Day Planner

Schedule

08:00

08:30

09:00

09:30

10:00

10:30

11:00

11:30

12:00

12:30

13:00

13:30

14:00

14:30

15:00

15:30

16:00

16:30

17:00

17:30

18:00

18:30

19:00

19:30

20:00

20:30

21:00

Priorities

Notes

Day Planner

Schedule

08:00

08:30

09:00

09:30

10:00

10:30

11:00

11:30

12:00

12:30

13:00

13:30

14:00

14:30

15:00

15:30

16:00

16:30

17:00

17:30

18:00

18:30

19:00

19:30

20:00

20:30

21:00

Priorities

Notes

Day Planner

Schedule

08:00

08:30

09:00

09:30

10:00

10:30

11:00

11:30

12:00

12:30

13:00

13:30

14:00

14:30

15:00

15:30

16:00

16:30

17:00

17:30

18:00

18:30

19:00

19:30

20:00

20:30

21:00

Priorities

Notes

Day Planner

Schedule

08:00

08:30

09:00

09:30

10:00

10:30

11:00

11:30

12:00

12:30

13:00

13:30

14:00

14:30

15:00

15:30

16:00

16:30

17:00

17:30

18:00

18:30

19:00

19:30

20:00

20:30

21:00

Priorities

Notes

Day Planner

Schedule

08:00

08:30

09:00

09:30

10:00

10:30

11:00

11:30

12:00

12:30

13:00

13:30

14:00

14:30

15:00

15:30

16:00

16:30

17:00

17:30

18:00

18:30

19:00

19:30

20:00

20:30

21:00

Priorities

Notes

Day Planner

Schedule	
08:00	
08:30	
09:00	
09:30	
10:00	
10:30	
11:00	
11:30	
12:00	
12:30	
13:00	
13:30	
14:00	
14:30	
15:00	
15:30	
16:00	
16:30	
17:00	
17:30	
18:00	
18:30	
19:00	
19:30	
20:00	
20:30	
21:00	

Priorities

Notes

Day Planner

Schedule

08:00
08:30
09:00
09:30
10:00
10:30
11:00
11:30
12:00
12:30
13:00
13:30
14:00
14:30
15:00
15:30
16:00
16:30
17:00
17:30
18:00
18:30
19:00
19:30
20:00
20:30
21:00

Priorities

Notes

Day Planner

Schedule

08:00

08:30

09:00

09:30

10:00

10:30

11:00

11:30

12:00

12:30

13:00

13:30

14:00

14:30

15:00

15:30

16:00

16:30

17:00

17:30

18:00

18:30

19:00

19:30

20:00

20:30

21:00

Priorities

Notes

Day Planner

Schedule

08:00

08:30

09:00

09:30

10:00

10:30

11:00

11:30

12:00

12:30

13:00

13:30

14:00

14:30

15:00

15:30

16:00

16:30

17:00

17:30

18:00

18:30

19:00

19:30

20:00

20:30

21:00

Priorities

Notes

Day Planner

Schedule

08:00

08:30

09:00

09:30

10:00

10:30

11:00

11:30

12:00

12:30

13:00

13:30

14:00

14:30

15:00

15:30

16:00

16:30

17:00

17:30

18:00

18:30

19:00

19:30

20:00

20:30

21:00

Priorities

Notes

Day Planner

Schedule

08:00

08:30

09:00

09:30

10:00

10:30

11:00

11:30

12:00

12:30

13:00

13:30

14:00

14:30

15:00

15:30

16:00

16:30

17:00

17:30

18:00

18:30

19:00

19:30

20:00

20:30

21:00

Priorities

Notes

Day Planner

Schedule

08:00

08:30

09:00

09:30

10:00

10:30

11:00

11:30

12:00

12:30

13:00

13:30

14:00

14:30

15:00

15:30

16:00

16:30

17:00

17:30

18:00

18:30

19:00

19:30

20:00

20:30

21:00

Priorities

Notes

Day Planner

Schedule

08:00

08:30

09:00

09:30

10:00

10:30

11:00

11:30

12:00

12:30

13:00

13:30

14:00

14:30

15:00

15:30

16:00

16:30

17:00

17:30

18:00

18:30

19:00

19:30

20:00

20:30

21:00

Priorities

Notes

Day Planner

Schedule

08:00
08:30
09:00
09:30
10:00
10:30
11:00
11:30
12:00
12:30
13:00
13:30
14:00
14:30
15:00
15:30
16:00
16:30
17:00
17:30
18:00
18:30
19:00
19:30
20:00
20:30
21:00

Priorities

Notes

Day Planner

Schedule

08:00
08:30
09:00
09:30
10:00
10:30
11:00
11:30
12:00
12:30
13:00
13:30
14:00
14:30
15:00
15:30
16:00
16:30
17:00
17:30
18:00
18:30
19:00
19:30
20:00
20:30
21:00

Priorities

Notes

Day Planner

Schedule	
08:00	
08:30	
09:00	
09:30	
10:00	
10:30	
11:00	
11:30	
12:00	
12:30	
13:00	
13:30	
14:00	
14:30	
15:00	
15:30	
16:00	
16:30	
17:00	
17:30	
18:00	
18:30	
19:00	
19:30	
20:00	
20:30	
21:00	

Priorities

Notes

Day Planner

Schedule

08:00

08:30

09:00

09:30

10:00

10:30

11:00

11:30

12:00

12:30

13:00

13:30

14:00

14:30

15:00

15:30

16:00

16:30

17:00

17:30

18:00

18:30

19:00

19:30

20:00

20:30

21:00

Priorities

Notes